고사성어는 옛이야기에서 만날 수 있는 지혜와 교훈을 짧은 단어로 표현한 말이에요. '한자'로 되어 있어서 처음에는 어렵게 느껴질 수 있지만 뜻을 풀어서 읽고 어떻게 쓰이는지 배우고 나면 금방 익숙해질 거예요. 기분과 생각, 상황을 표현할 때 고사성어를 써 보세요! 간단한 말이지만 더욱 힘 있고 재치 있게 이야기할 수 있답니다.

읽자마자 고사성어 왕

글 최미라
그림 김무연

길벗스쿨

차례

ㄱㄴㄷ

각골난망 9	난형난제 29
감언이설 11	노심초사 31
개과천선 13	다다익선 33
결초보은 15	대기만성 35
고진감래 17	대동소이 37
과유불급 19	동고동락 39
군계일학 21	동문서답 41
권선징악 23	동병상련 43
금시초문 25	동상이몽 45
기사회생 27	

이럴 땐 이런 고사성어 - 마음 46
애지중지
오매불망
우여곡절
초지일관
환골탈태

ㅁㅂㅅ

무용지물 51	삼고초려 65
배은망덕 53	새옹지마 67
백전백승 55	설상가상 69
비몽사몽 57	소탐대실 71
사면초가 59	수수방관 73
사생결단 61	신출귀몰 75
살신성인 63	

이럴 땐 이런 고사성어 - 조언 76
길흉화복
만사형통
사필귀정
심사숙고
오월동주

ㅇ

아비규환 81	우유부단 105
안하무인 83	유구무언 107
어부지리 85	유비무환 109
역지사지 87	유언비어 111
오리무중 89	유유상종 113
오합지졸 91	이심전심 115
온고지신 93	일거양득 117
와신상담 95	일사천리 119
용두사미 97	일장춘몽 121
용호상박 99	임기응변 123
우여곡절 101	
우왕좌왕 103	

이럴 땐 이런 고사성어 - 다짐 124
괄목상대
백발백중
우공이산
칠전팔기
파죽지세

ㅈㅊㅌㅍㅎ

자업자득 129	촌철살인 155
자포자기 131	타산지석 157
작심삼일 133	토사구팽 159
적반하장 135	표리부동 161
전화위복 137	풍비박산 163
점입가경 139	풍전등화 165
조삼모사 141	학수고대 167
좌정관천 143	형설지공 169
주객전도 145	혼비백산 171
죽마고우 147	화룡점정 173
지지부진 149	횡설수설 175
천고마비 151	
청출어람 153	

이럴 땐 이런 고사성어 - 반성 176
각주구검
마이동풍
인과응보
일거양실
천차만별

ㄱㄴㄷ

각골난망	과유불급	난형난제	동고동락
감언이설	군계일학	노심초사	동문서답
개과천선	권선징악	다다익선	동병상련
결초보은	금시초문	대기만성	동상이몽
고진감래	기사회생	대동소이	

이럴 땐 이런 고사성어 - 마음
애지중지 오매불망 우여곡절 초지일관 환골탈태

각골난망

刻	骨	難	忘
새길 각	뼈 골	어려울 난	잊을 망

뼈에 새겨 잊기 어렵다

뼈에 새길 만큼 큰 은혜를 입어 잊히지 않는다는 뜻이에요. 커다란 어려움에 빠졌을 때 나를 도와준 사람에게 생명의 은인이라고 말하듯이, 아주 고마운 마음을 전할 때 **각골난망**하다고 말해요. 받은 도움에 감사할 줄 아는 것은 살아가며 지켜야 할 중요한 도리랍니다.

네 덕분에 핸드폰을 찾았어!
각골난망한 마음을
어떻게 갚아야 할까?

감언이설

甘	言	利	說
달 감	말씀 언	이로울 이	말씀 설

달콤한 말과 이로운 말

상대방의 마음을 얻으려 하거나 내가 원하는 게 있어서 일부러 그 사람이 좋아할 만한 말을 해 준다는 뜻이에요. 상대의 비위를 맞추려고 솔깃한 말을 하는 부정적인 상황에서 쓰여요.
감언이설로 아빠의 기분을 좋게 만들고 용돈을 받아 낼 수는 있어요. 하지만 사랑하는 가족이라면 원하는 것을 솔직하게 말하고 진심으로 대해야겠지요?

윽, 사기꾼의 감언이설에 깜빡 넘어갈 뻔했어!

개과천선

改	過	遷	善
고칠 개	지날 과	옮길 천	착할 선

지난 잘못을 고치고 착하게 변하다

이전에 저지른 잘못을 뉘우치고 고쳐서 마치 새로 태어난 것처럼 착한 사람이 된다는 뜻이에요.
친구를 자주 놀리던 한 아이가 상처받은 친구에게 진심으로 사과하고 사이좋게 지내려 한다면 "너 **개과천선**했구나."라고 칭찬할 수 있지요.

나한테 과자도 나눠 줄 줄 알고
개과천선했네!

결초보은

結	草	報	恩
맺을 결	풀 초	갚을 보	은혜 은

풀을 묶어 은혜를 갚다

죽어서도 잊지 않고 은혜를 갚는다는 뜻이에요.
한 아버지가 죽은 뒤 혼령이 되어서도 자신의 딸을 구해 준 사람에게 은혜를 갚았다는 중국의 옛이야기에서 유래했어요. 그 은인이 전쟁에 나갔을 때 이길 수 있도록 풀을 묶어서 적군을 넘어뜨린 것이지요.
이처럼 고마운 마음을 끝내 잊지 않고 갚을 때 **결초보은**한다고 말해요.

아픈 저를 오랫동안 돌봐 주셨으니 결초보은하겠습니다.

고진감래

苦	盡	甘	來
쓸 고	다할 진	달 감	올 래

쓴 것이 다하면 단것이 온다

쓴 것은 힘든 일을, 단것은 좋은 일을 의미해요. 힘든 일이 있어도 잘 이겨 내면 좋은 일이 온다는 뜻이에요.
자전거를 처음 배울 땐 균형이 잘 안 잡혀서 넘어지곤 해요. 하지만 이 과정만 잘 이기면 바람을 가르며 달릴 수 있게 되지요. 힘들고 어려워도 계속 노력하면 **고진감래**의 순간이 온답니다.

고진감래라더니 노력한 끝에 이번 시험 성공!

과유불급

過	猶	不	及
지나칠 과	오히려 유	아닐 불	미칠 급

지나친 것은 오히려 미치지 않은 것과 같다

지나친 것은 모자라는 것과 같다는 말로, 적당한 것이 중요하다는 뜻이에요. 《논어》에 나오는 말이지요.
중국의 유명한 학자인 공자에게는 자장과 자하라는 제자가 있었어요. 둘 중 누가 더 현명하냐고 묻자 공자는 자장은 지나치고 자하는 부족하기에 둘이 같다고 대답했대요.
운동회 날 날씨가 좋길 바랐는데, 햇볕이 너무 강해서 바깥 활동이 어려워진다면 **과유불급**이겠지요.

옷에 장식이 너무 많으니까
도리어 이상하네.
역시 과유불급이야.

군계일학

群	鷄	一	鶴
무리 군	닭 계	하나 일	학 학

닭 무리 가운데 한 마리의 학

여러 사람 가운데 한눈에 알아볼 수 있을 정도로 뛰어난 사람을 뜻해요.

만화를 좋아해서 그리기 연습을 하루도 빠지지 않고 성실하게 한 아이가 있어요. 덕분에 만화 그리기 대회에서 가장 돋보이는 작품을 낼 수 있었지요. 모두가 놀랄 정도의 **군계일학**이었답니다. 좋아하는 분야에서 최고가 되는 방법, 알 것도 같지요?

이번 가요 축제에서도 역시나 우리 지민이가 군계일학이야!

권선징악

勸	善	懲	惡
권할 권	착할 선	혼날 징	악할 악

선을 권하고 악을 혼내다

착한 일은 많이 하도록 이끌어 주고, 나쁜 일은 다시 못하도록 벌을 준다는 뜻이에요.
사회에는 다양한 사람들이 함께 살아요. 모두 평화롭게 살기 위해서는 남을 돕고 배려하는 자세가 필요하지요. 다른 사람을 괴롭히고 죄를 지은 사람은 벌을 받고, 다른 사람을 돕고 좋은 일을 한 사람은 칭찬하는 것처럼 사회의 기본이 되는 지혜가 바로 **권선징악**이랍니다.

흥부와 놀부는 권선징악을 보여 주는 옛이야기야.

금시초문

今	始	初	聞
이제 금	비로소 시	처음 초	들을 문

이제 비로소 처음 듣다

바로 지금 처음 들었다는 말이에요. 새로운 소식이나 떠도는 소문을 처음 들어서 놀라는 상황에 써요.
수업 시간에 선생님이 "오늘 쪽지 시험 보는 거 알고 있죠?"라고 물어보셨는데, 나는 전혀 모르고 있었다면 "**금시초문**입니다."라고 대답할 수 있겠지요.

지율이가 과자를 사 준다고 약속했다고? 금시초문인데!

기사회생

起	死	回	生
일어날 기	죽을 사	돌아올 회	날 생

죽음에서 일어나 다시 살다

죽을 뻔했다가 간신히 살아 돌아온다는 뜻이에요.
인생을 살다 보면 가까스로 위기에서 벗어날 때가 있어요. 큰 사고를 당했지만 여러 번의 수술을 받고 극적으로 살아나거나, 손해를 입고 크게 망했지만 다시 성공하기도 하지요.
이렇게 어려움을 무사히 넘기고 나은 상황이 됐을 때 **기사회생**했다고 말해요.

이번 버스도 놓치면 지각이었는데 기사회생했네.

난형난제

難	兄	難	弟
어려울 난	형 형	어려울 난	아우 제

형이라 하기도 어렵고 동생이라 하기도 어렵다

누가 더 낫다고 말하기 어렵게 실력이 비슷하다는 뜻이에요. 옛날 중국의 학자 진식에게는 두 아들이 있었는데, 누가 더 훌륭하냐는 질문에 형이라 답하기도, 동생이라 답하기도 어려웠다는 이야기에서 유래했어요.
사람뿐만 아니라 사물에 있어서도 무엇이 더 낫고 못함을 가리기 힘들 때 **난형난제**라고 말해요.

두 배우의 연기 실력은 난형난제야.
누가 상을 받을까?

노심초사

勞	心	焦	思
일할 노	마음 심	탈 초	생각 사

마음을 쓰고 속을 태운다

어떤 일을 걱정하며 마음을 졸이는 것을 뜻해요.
잘못을 들키거나, 결과가 좋지 않거나, 안 좋은 일이 일어날까 봐 걱정할 때 쓰는 말이지요.
더운 여름에 아이스크림을 사서 집에 가는데 횡단보도 신호등에 계속 걸린다면 아이스크림이 녹을까 봐 **노심초사**할 거예요.

친구들이랑 놀이 기구를 타려고 줄을 섰는데, 나만 따로 타게 될까 봐 노심초사했어.

다다익선

多	多	益	善
많을 다	많을 다	더할 익	착할 선

많으면 많을수록 좋다

많으면 많을수록 더욱 좋다는 뜻이에요.
살아가는 데 있어 많을수록 좋은 것들이 있어요. 지식이 많으면 문제가 생겨도 슬기롭게 해결할 수 있고, 경험이 많으면 내가 어떤 것을 잘하고 좋아하는지 쉽게 찾을 수 있지요.
여러분에게 많으면 많을수록 좋은, **다다익선**은 무엇인가요?

방학은 다다익선이에요.
많을수록 좋아요!

대기만성

大	器	晚	成
큰 대	그릇 기	늦을 만	이룰 성

큰 그릇은 늦게 완성된다

늦은 나이에 큰일을 이루는 사람이나 오랜 시간이 지난 뒤에 훌륭한 일이 이루어지는 것을 뜻해요.
도자기는 흙으로 만들어 오래 말린 뒤, 아주 뜨거운 가마에 넣고 다시 구워요. 완성되기까지 정말 긴 시간이 걸리지요.
무언가 잘 안 되어서 조급해한 적이 있나요? 꾸준히 하세요. 긴 시간 속에서 완성되는 도자기처럼 **대기만성**을 이룰 거예요.

그 배우는 오랜 무명 생활 끝에 세계적으로 유명해졌어. 대기만성형이지.

형이랑 나랑 누가 더 잘생겼어요?

음……
눈은 형이…
코는 동생이…

뭐, 대동소이 하구먼…

대동소이

大	同	小	異
클 대	같을 동	작을 소	다를 이

크게 보면 같고 작게 보면 다르다

큰 차이 없이 거의 비슷하다는 뜻이에요.
가지나 잎 모양이 서로 다른 나무들도 멀리서 보면 비슷해 보여요. 마찬가지로 사람들의 생김새도 자세히 보면 모두 다르지만 멀리서 보면 비슷비슷해 보이지요.
이처럼 작은 부분은 달라도 크게는 비슷할 때, 큰 차이가 안 난다는 뜻으로 **대동소이**하다고 해요.

이 머리핀이나 저 머리핀이나
대동소이하니까 아무거나 써.

동고동락

同	苦	同	樂
같을 동	괴로울 고	같을 동	즐길 락

함께 괴로워하고 함께 즐거워하다

괴로움도 즐거움도 모두 함께한다는 뜻이에요.
결혼식에 가면 주례 선생님이 신랑과 신부에게 이렇게 말해요.
"기쁠 때나 슬플 때나 검은 머리가 파뿌리가 될 때까지 함께하시겠습니까?" 이렇게 맺어진 부부처럼, 세상의 즐거운 일이나 힘든 일을 모두 함께하는 것을 **동고동락**한다고 말해요.

은지는 초등학교 때부터
나와 동고동락한 사이라서
내가 잘 알아.

동문서답

東	問	西	答
동녘 동	물을 문	서녘 서	대답할 답

동쪽을 묻는데 서쪽으로 대답한다

묻는 말에 엉뚱한 대답을 한다는 뜻이에요. 질문을 제대로 듣지 못하고 이상하게 대답할 때도 쓰이지만, 솔직한 대답을 피하려고 다르게 말할 때도 써요.

친구가 나에게 교실에서 같이 앉고 싶은 사람이 있냐고 물어봤는데, 맨 뒤에 앉고 싶다며 질문과 다른 대답을 한다면 **동문서답**한다고 생각하겠죠?

내 짝꿍을 좋아하냐는 질문에 당황해서 동문서답해 버렸어.

동병상련

同	病	相	憐
같을 동	병 병	서로 상	불쌍히 여길 련

같은 병을 앓는 서로를 불쌍히 여기다

같은 처지에 놓인 사람들끼리 서로 불쌍히 여긴다는 뜻이에요. 우산을 깜빡해서 비를 맞으며 집에 가고 있는데, 나처럼 비를 쫄딱 맞은 고양이를 본다면 어떨까요?
아마 똑같이 초라한 모습에 **동병상련**의 마음이 들 거예요.

너도 배탈이 나서
소풍을 못 갔구나, 동병상련이네.

동상이몽

同	牀	異	夢
같을 동	평상 상	다를 이	꿈 몽

한 평상에 누워 다른 꿈을 꾸다

같은 상황에 있지만 서로 다른 생각을 한다는 뜻이에요. 학예회 발표를 위해 다 같이 연습을 하더라도 속마음은 서로 다를 수 있어요. 누구는 자기 실력을 뽐내고 싶어서, 또 누구는 그저 재미있어서 열심히 하는 것일 수 있지요.
이렇게 무언가를 똑같이 하고 있지만 속으로는 각자 다른 생각을 할 때 **동상이몽**이라고 해요.

두 사람은 함께 일하지만
각자 마음속은 동상이몽이야.

이럴 땐 이런 고사성어 — 마음

"좋아하는 친구가 생겼어! 이 마음을 어떻게 표현할까?"

그 친구에 대해 알고 싶어

"우여곡절 끝에 그 친구의 이름을 알아냈어!"

우 여 곡 절
迂 餘 曲 折
에돌 우 남을 여 굽을 곡 꺾을 절

여러 가지로 뒤얽혀 복잡한 사정

자꾸 네 생각이 나

"잠들기 전에도 오매불망 그 친구 얼굴만 떠올라."

오 매 불 망
寤 寐 不 忘
깰 오 잠잘 매 아닐 불 잊을 망

자나 깨나 잊지 못하다

보여 줄게 완전히 달라진 나

"열심히 공부해서 환골탈태한 모습을 보여 주고 싶어!"

환 골 탈 태
換 骨 奪 胎
바꿀 환 뼈 골 빼앗을 탈 아이 밸 태

보다 나은 방향으로 변하여 전혀 딴 사람이 되다

내 마음은 변하지 않아

"나는 1학년 때부터 초지일관 이 친구가 좋았어."

초 지 일 관
初 志 一 貫
처음 초 뜻 지 한 일 꿸 관

처음의 뜻이 끝까지 변함이 없다

나에게 너무 소중해!

"친구가 내게 처음 준 편지야. 애지중지 보관해야지."

애 지 중 지
愛 之 重 之
사랑 애 갈 지 무거울 중 갈 지

매우 사랑하고 소중히 여기다

매일매일 대화하면서 고사성어를 사용해 봐요.

ㅁㅂㅅ

무용지물	사생결단	소탐대실
배은망덕	살신성인	수수방관
백전백승	삼고초려	신출귀몰
비몽사몽	새옹지마	
사면초가	설상가상	

이럴 땐 이런 고사성어 - 조언
길흉화복 만사형통 사필귀정 심사숙고 오월동주

무용지물

無	用	之	物
없을 무	쓸 용	갈 지	물건 물

쓸모가 없는 물건

어떤 일을 할 때 아무런 역할을 하지 못하는 물건이나 사람을 뜻해요.
오랜만에 공부 좀 하려고 샤프를 들었는데 속에 샤프심이 없다면 글을 못 쓰니 공부도 할 수 없겠죠? 그럴 때 "이 샤프는 **무용지물**이네."라고 말할 수 있어요.

너무 더워서
휴대용 선풍기를 챙겨 왔는데
배터리가 없어서 무용지물이야.

배은망덕

背	恩	忘	德
배반할 배	은혜 은	잊을 망	덕 덕

은혜를 배반하고 덕을 잊다

나에게 도움을 준 사람을 배신한다는 말이에요. 은혜를 갚지는 못할망정 오히려 그 사람에게 해를 입힌다는 뜻이지요.
엄마 몰래 사 온 과자를 동생에게 나눠 주었는데, 다 먹은 동생이 엄마에게 쪼르르 달려가 고자질한다면 얼마나 괘씸할까요? "**배은망덕**한 녀석!" 하고 말하고 싶을 거예요.

내가 한 숙제를 보여 줬더니
베껴서 자기가 한 것처럼 내다니!
배은망덕해.

백전백승

百	戰	百	勝
일백 백	싸움 전	일백 백	이길 승

백 번 싸워 백 번 이기다

어떤 상황이 와도 언제나 준비되어 있기 때문에 반드시 훌륭하게 해낸다는 뜻이에요.

달리기 시합만 했다 하면 1등인 친구가 있나요? 그 친구는 달리기 연습도 열심히 하고, 몸을 가볍게 만들기 위해 운동도 꾸준히 했을 거예요.

잘 달릴 수 있게 대비한 끝에 어떤 시합에서도 **백전백승**이 된 것이지요.

나는 가위바위보 할 때 져 본 적이 없어. 백전백승이라고!

비몽사몽

非	夢	似	夢
아닐 비	꿈 몽	닮을 사	꿈 몽

꿈이 아니나 꿈과 같다

꿈을 꾸는 건지 깨어 있는 건지 헷갈리는 상태를 말해요. 잠이 덜 깨서 정신이 몽롱하거나 어떤 일이 마치 꿈처럼 어렴풋하게 느껴지는 상황을 뜻하지요.

꿈을 꾸던 중에 부모님이 깨워서 일어났는데, 계속 꿈을 꾸고 있는 것처럼 느껴진다면 **비몽사몽** 하다고 말할 수 있어요.

주말 아침에
비몽사몽인 채로 일어나서
목욕탕에 다녀왔어.

사면초가

四	面	楚	歌
넉 사	낯 면	초나라 초	노래 가

사방에서 초나라의 노래가 들리다

빠져나갈 곳도, 도와줄 사람도 없는 곤란한 상황을 뜻해요. 옛날 중국 초나라의 왕 항우가 적군에 둘러싸여 있는데, 포로로 잡힌 초나라 사람들의 구슬픈 노랫소리까지 사방에서 들려왔다는 이야기에서 유래했어요.
술래잡기를 하다가 쫓아오는 술래를 피해 급히 숨었는데 막다른 곳이라면 **사면초가**가 따로 없겠지요?

범인이 아니라고 발뺌하더니…
결정적인 증거가 나와서
이제 정말 사면초가야.

사생결단

死	生	決	斷
죽을 사	날 생	결단할 결	끊을 단

죽고 사는 것을 가리지 않고 결정하다

죽기로 마음먹고 덤벼든다는 말로, 어떤 일을 이루기 위해 아주 굳은 각오를 한다는 뜻이에요.
전쟁 영화를 보면 군인들이 죽기 살기로 적과 싸우는 장면을 볼 수 있어요. 나라를 지키기 위해 온 힘을 다하는 것이지요.
반드시 이루고 싶은 목표가 있다면 **사생결단**의 마음이 필요할 거예요.

학교 앞에서 한정판 스티커를 선착순으로 나눠 준대.
사생결단의 마음으로 달려가겠어!

살신성인

殺	身	成	仁
죽일 살	몸 신	이룰 성	어질 인

자기 몸을 희생하여 인을 이루다

자기 목숨을 버리는 한이 있더라도 '인(仁)'과 같이 큰 뜻을 이루기 위해 노력한다는 뜻이에요. '인'은 유교에서 지혜로운 사람이 되기 위해 갖춰야 할 덕목 가운데 하나예요.
소방관들은 자신의 목숨을 걸고 뜨거운 불 속에 뛰어들어 사람을 구해요. 이처럼 소중한 가치와 큰 뜻을 이루기 위해 희생을 감수하는 것을 **살신성인**이라고 한답니다.

물에 빠진 친구를 구한 그 사람은 살신성인의 정신을 보여 줬어.

삼고초려

三	顧	草	廬
석 삼	돌아볼 고	풀 초	농막집 려

초가집을 세 번 찾아가다

뛰어난 인재를 얻기 위해 정성을 다한다는 뜻이에요.
중국의 《삼국지》 이야기에서 유래했어요. 유비는 뛰어난 전략가인 제갈량과 함께 일하고 싶어서 세 번이나 그의 집으로 찾아갔대요. 그 정성에 감동한 제갈량은 유비가 삼국 전쟁에서 큰 공을 세우도록 도와주었다고 해요.
누군가 나를 맞이하기 위해 **삼고초려** 한다면 정말 뿌듯한 마음이 들겠지요?

삼고초려 끝에 그분을 선생님으로 모시고 왔대.

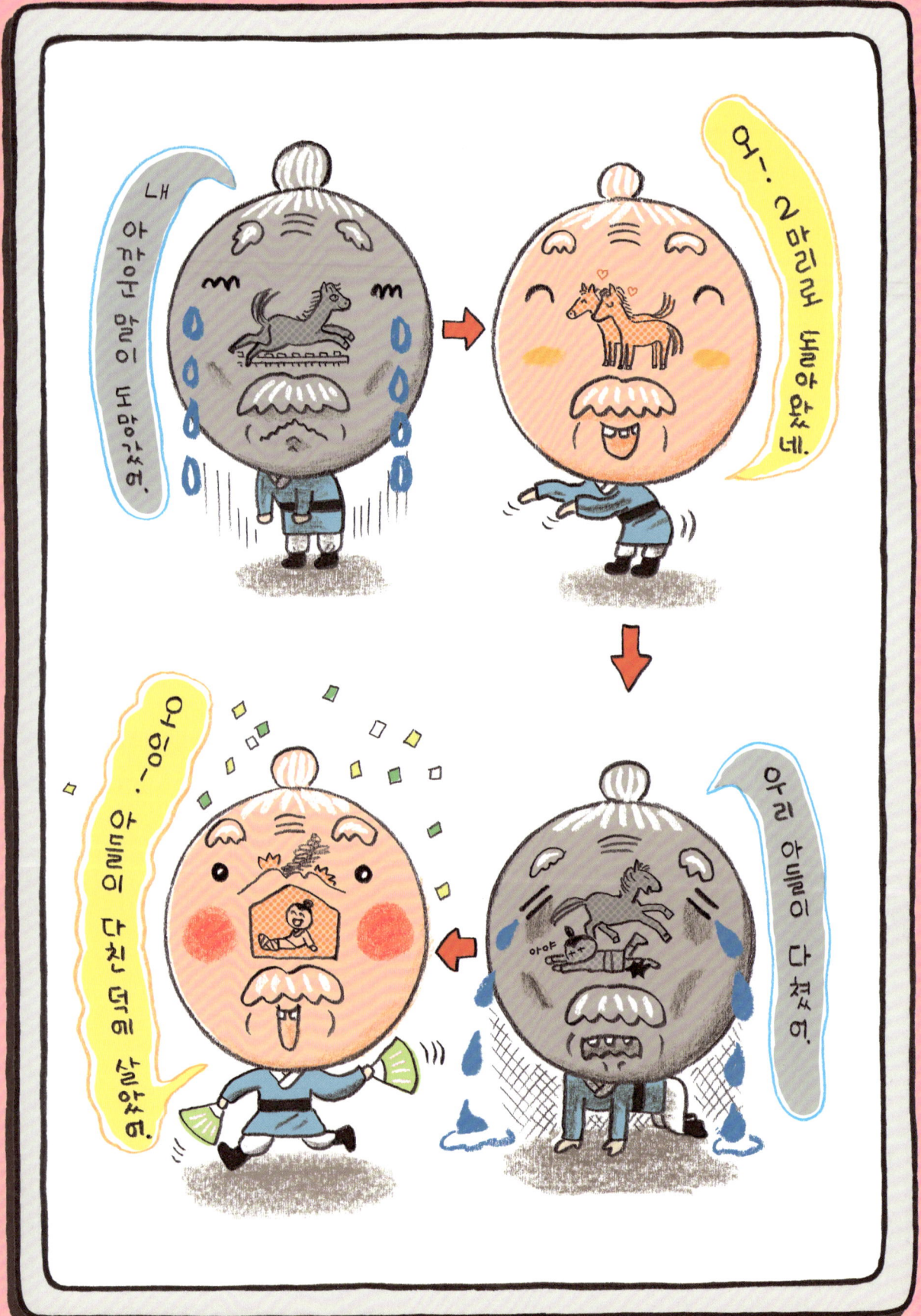

새옹지마

塞	翁	之	馬
변방 새	늙은이 옹	갈 지	말 마

변두리에 사는 늙은이의 말

좋은 일과 나쁜 일은 자주 변해서 미리 알 수 없다는 뜻이에요. 옛날 중국에서 새옹이라는 노인이 기르던 말이 달아났는데, 얼마 뒤 그 말이 한 마리를 더 데리고 돌아왔어요. 새옹의 아들은 그 말을 타다가 다리를 다치고 말지요. 덕분에 아들은 전쟁에 못 나가게 되었고, 죽음을 면했답니다.

이처럼 좋은 일이 나쁜 일이 되기도, 나쁜 일이 좋은 일이 되기도 하는 삶의 이치를 **새옹지마**라고 해요.

새옹지마라더니, 실패한 실험이 이렇게 빛을 볼 줄이야!

설상가상

雪	上	加	霜
눈 설	위 상	더할 가	서리 상

눈 위에 서리가 더해지다

눈이 와서 추운데 서리까지 더 내린다는 뜻이에요. 나쁜 일에 또 나쁜 일이 더해진 상황에 써요.
아침에 늦잠을 자서 허겁지겁 학교로 뛰어왔지만 결국 지각을 한 거예요. 숨을 몰아쉬며 가방을 열었는데 필통까지 집에 두고 왔다면? 엎친 데 덮친 격, 바로 **설상가상**이지요.

길이 얼음판이라 미끄러운데 설상가상으로 눈까지 온다네.

소탐대실

小	貪	大	失
작을 소	탐낼 탐	클 대	잃을 실

작은 것을 탐내다 큰 것을 잃다

눈앞의 작은 이익을 얻으려다가 큰 것을 잃는다는 말이에요. 옛날 중국의 진나라 왕이 보석을 준다며 촉나라 왕을 꾀어낸 이야기에서 유래했어요. 촉나라 왕은 직접 보석을 받으러 나왔다가 나라를 잃게 되었지요.

작은 보석과 큰 나라 중에 어떤 게 더 중요할까요? **소탐대실**하지 않으려면 멀리 생각할 줄 아는 지혜가 필요하답니다.

백 원짜리 동전을 찾느라 약속 시간에 2시간이나 늦다니, 소탐대실이야.

수수방관

袖	手	傍	觀
소매 수	손 수	곁 방	볼 관

팔짱을 끼고 곁에서 보다

어려운 일이 옆에서 벌어지는데 모른 척하고 도와주지 않는다는 뜻이에요.

다들 열심히 교실을 꾸미고 있는데 아무 일도 하지 않고 구경만 하는 친구가 있다면 이렇게 말할 수 있어요. "다들 바쁘게 움직이는데 쟤만 **수수방관**이네." 하고요. 여러 사람이 힘을 합쳐야 하는 일이라면 작은 힘이라도 보태는 게 좋겠지요?

할머니가 길에서 넘어졌는데
모두 수수방관하길래
내가 도와드렸어.

신출귀몰

神	出	鬼	沒
귀신 **신**	날 **출**	귀신 **귀**	빠질 **몰**

귀신처럼 나타났다가 귀신처럼 사라지다

귀신처럼 재빠르게 움직인다는 말이에요. 금방 왔다가 금방 사라져서 도무지 어디에서 나타나 어디로 갔는지 알 수 없다는 뜻으로 써요.

영화를 보면 어디선가 갑자기 나타나 사람들을 구해 주고 순식간에 사라져 버리는 영웅들이 나와요. 영화 속 영웅들처럼 재빠르게 움직이고 사라지는 모습을 보고 **신출귀몰**하다고 해요.

화인이는 내가
무거운 걸 옮길 때마다
신출귀몰 나타나서 도와주고 가.

이럴 땐 이런 고사성어 — 조언

"친구가 고민을 털어놨어. 어떤 말을 해 줄까?"

걱정 마! 잘될 거야

"지금처럼 성실히 한다면 만사형통일 거야. 걱정 마!"

만 사 형 통
萬 事 亨 通
일만 만 일 사 형통할 형 통할 통

모든 일이 뜻대로 잘 이루어지다

좋은 날이 올 거야

"사필귀정이랬어. 정의가 결국 승리할 거야."

사 필 귀 정
事 必 歸 正
일 사 반드시 필 돌아갈 귀 바를 정

모든 일은 반드시 바른길로 돌아간다

미워도 다시 한번!

"미워도 친구니까 **오월동주**의 마음으로 힘을 보태 줘!"

오 월 동 주
吳 越 同 舟
성씨 오 넘을 월 같을 동 배 주

원수 사이여도
어려운 상황에서는 힘을 합친다

충분히 고민해도 돼

"너에게 정말 중요한 일이라면, 조금 더 **심사숙고**해 봐."

심 사 숙 고
深 思 熟 考
깊을 심 생각 사 익을 숙 생각할 고

깊이 잘 생각하다

나쁜 일이 있다면 좋은 일도 있는 법

"**길흉화복**! 힘든 날이 지나면 좋은 날이 와."

길 흉 화 복
吉 凶 禍 福
길할 길 흉할 흉 재앙 화 복 복

인생에는 좋고 나쁨,
재앙과 복이 같이 있다

매일매일 대화하면서 고사성어를 사용해 봐요.

ㅇ

아비규환	오합지졸	우여곡절	유언비어	일장춘몽
안하무인	온고지신	우왕좌왕	유유상종	임기응변
어부지리	와신상담	우유부단	이심전심	
역지사지	용두사미	유구무언	일거양득	
오리무중	용호상박	유비무환	일사천리	

이럴 땐 이런 고사성어 - 다짐
괄목상대 백발백중 우공이산 칠전팔기 파죽지세

아비규환

阿	鼻	叫	喚
언덕 아	코 비	부르짖을 규	부를 환

아비지옥과 규환지옥

불교에서 말하는 8대 지옥 중 두 가지를 합친 말로, 지옥에 있는 것처럼 괴로운 상황을 뜻해요.
아비지옥은 살가죽이 벗겨지거나 불 속에 던져져서 죽어도 다시 살아나 고통받는 곳이에요. 규환지옥은 펄펄 끓는 물에 빠지거나 뜨거운 쇠로 된 방에 들어가 벌을 받는 곳이지요.
이처럼 끔찍한 광경이나 혼란스러운 상황을 가리켜 **아비규환**이라고 해요.

지진이 일어난 순간 마을은 그야말로 아비규환이었어.

안하무인

眼	下	無	人
눈 안	아래 하	없을 무	사람 인

눈 아래 사람이 없다

제멋대로 행동하거나 다른 사람을 존중하지 않고 막 대하는 것을 뜻해요.
일명 '갑질'로 눈살을 찌푸리게 하는 사람들이 있어요. 직업상으로 높은 자리에 있다든지, 돈이 많다고 다른 사람에게 함부로 하는 것이지요. 이런 것을 두고 **안하무인**이라고 말해요.
남에게 함부로 하면 나도 진심으로 존중받을 수 없다는 걸 명심해야 해요.

안하무인으로 행동하던 그 대표는 결국 경찰 조사를 받게 되었어.

어부지리

漁	夫	之	利
고기 잡을 어	지아비 부	갈 지	이로울 리

어부의 이익

둘이 다투는 사이에 엉뚱한 사람이 이득을 본다는 뜻이에요. 조개와 황새가 싸우는 사이, 지나가던 어부가 둘을 손쉽게 잡았다는 중국의 옛이야기에서 유래했어요.
동생과 내가 텔레비전 리모컨을 두고 다투는 사이에 아빠가 보고 싶은 채널을 마음껏 본다면 **어부지리**겠지요.

사촌 동생들 옆에 있었을 뿐인데 어부지리로 용돈을 받았어.

역지사지

易	地	思	之
바꿀 역	땅 지	생각 사	갈 지

자리를 바꾸어 생각하다

상대방의 입장이 되어 생각해 본다는 뜻이에요.
길에서 반려견에게 목줄을 하지 않고 산책시키는 사람을 본 적이 있나요? 그 사람은 다른 사람이 개를 무서워할 수도 있다는 마음을 헤아리지 못한 거예요.
여러 사람들과 더불어 사는 세상에서는 서로의 마음을 이해해 보려는 **역지사지**의 자세가 필요하답니다.

네가 말 못하는 동물이었다면?
역지사지로 생각해 봐!

오리무중

五	里	霧	中
다섯 오	마을 리	안개 무	가운데 중

오 리나 되는 안개 속에 있다

어떻게 하면 좋을지 일의 방향이나 갈피를 잡지 못하는 상황을 뜻해요.
오 리는 약 2킬로미터의 긴 거리예요. 길고 긴 안갯길을 걷는 것처럼 막막하거나 상황 파악이 잘 안 될 때 쓰는 표현이지요. 경찰들이 범인을 찾는데 흔적이 없어서 어려움을 겪고, 사건을 해결하지 못할 때 **오리무중**이라고 표현할 수 있어요.

이 문제는 풀수록
오리무중으로 빠져드네.

오합지졸

烏	合	之	卒
까마귀 오	합할 합	갈 지	병졸 졸

까마귀가 모인 것 같은 무리

규칙이나 질서가 없고 훈련이 안 되어 있는 사람들이 모여 있는 무리를 뜻해요.
까마귀는 모여 있더라도 무리를 이끄는 리더가 없어요. 또 병졸은 계급이 가장 낮은 군사들이지요. 그러니 까마귀 같은 병졸들이라면 얼마나 통솔이 안 되고 제멋대로일까요?
이렇게 무질서한 무리를 두고 **오합지졸**이라고 해요.

동네에서 시작한
오합지졸 밴드였지만
지금은 정식 밴드 못지않아요.

온고지신

溫	故	知	新
익힐 온	옛 고	알 지	새 신

옛것을 익혀 새것을 알다

전통을 잘 알아야 새것을 제대로 배울 수 있다는 뜻이에요. 중국의 사상가 공자는 옛것을 익히고 새것을 아는 사람만이 스승이 될 자격이 있다고 했어요. 옛날부터 전해 온 지혜와 전통이 발전해서 새로운 지식과 깨달음이 탄생하는 법이니까요. **온고지신**은 오늘날 빠르게 변하는 사회 속 우리에게 더욱 필요한 자세랍니다.

옛날 책이라고 무시하면 안 돼.
온고지신이라는 말이 있잖아.

와신상담

臥	薪	嘗	膽
누울 와	섶 신	맛볼 상	쓸개 담

섶에 누워 쓸개를 맛보다

마음먹은 일을 이루기 위해 괴로움을 견딘다는 뜻이에요. 원수 사이였던 옛날 중국의 오나라와 월나라 이야기에서 유래했어요. 오나라 왕은 일부러 불편한 섶 위에서 잠을 자며, 월나라 왕은 쓸개를 핥으며 서로에게 복수하리라 다짐하고 또 다짐했대요.
두 왕처럼 목표를 위해 온갖 어려움을 참고 견디는 것을 **와신상담**이라고 해요.

내 꿈을 위해서라면 와신상담의 자세로 노력할 거야.

이번에도 용두사미가 될 줄 알았지.

이게 운동 기구야 빨래 대야~

용두사미

龍	頭	蛇	尾
용 용	머리 두	긴 뱀 사	꼬리 미

용의 머리와 뱀의 꼬리

시작은 거창하고 멋있었지만 뒤로 갈수록 별 볼 일 없고 초라하다는 뜻이에요.
앞 장은 공부한 흔적이 빽빽한데, 뒤로 갈수록 깨끗한 공책이 집에 하나쯤 있을 거예요. 처음 공부할 때는 글씨도 정성을 들여 반듯하게 썼는데, 뒤로 갈수록 대충대충 갈겨쓰기도 하고요. **용두사미**가 된 것이지요.

첫 방송은 시청률이 높았는데, 점점 떨어지더니 결국 용두사미가 되었어.

용호상박

龍	虎	相	搏
용 용	범 호	서로 상	칠 박

용과 호랑이가 서로 싸우다

어느 쪽이 이길지 쉽게 장담할 수 없는 쟁쟁한 승부를 뜻해요. 용은 신비롭고 거대한 상상 속 동물이고, 호랑이는 매우 크고 힘이 세서 동물의 왕으로 여겨져요. 둘이 싸우면 과연 누가 이길까요?
이처럼 실력이 뛰어난 두 상대가 팽팽하게 경쟁하는 것을 **용호상박**이라고 해요.

컴백하는 가수들이
모두 인기가 많아서
음원 순위는 용호상박이겠다.

우여곡절

迂	餘	曲	折
에돌 우	남을 여	굽을 곡	꺾을 절

이리저리 굽고 꺾이다

이런저런 일을 힘난하게 겪으며 지나온 과정을 뜻해요. 주로 어떤 결과를 얻기까지 여러 가지 복잡한 사정이 있었다는 의미로 쓰지요.

산꼭대기에 오르려면 굽이굽이 힘한 길과 어려운 고비를 지나야 해요. 포기하지 않고 정상까지 올랐다면 뿌듯한 마음으로 외칠 수 있을 거예요. "**우여곡절** 끝에 여기까지 왔군!" 하고요.

조립하는 동안 우여곡절이 많았지만 결국 이렇게 멋진 로봇을 완성했어.

우왕좌왕

右	往	左	往
오른쪽 우	갈 왕	왼쪽 좌	갈 왕

오른쪽으로 갔다 왼쪽으로 갔다 하다

이리 갔다 저리 갔다 하며 어디로 가야 할지 갈피를 못 잡는다는 뜻이에요. 길을 몰라서 헤매거나, 자기 생각이 확고하지 않아서 어찌할 줄 모를 때 써요.

가족들과 처음 놀러 간 도시에서 맛있는 음식점을 찾아간다고 생각해 봐요. 낯선 곳이니 지도를 봐도 이쪽인지 저쪽인지 헷갈릴 수 있어요. 이렇게 헤맬 때 **우왕좌왕**한다고 해요.

딴생각하고 있었는데
내 차례가 되어서 우왕좌왕했어.

우유부단

優	柔	不	斷
넉넉할 우	부드러울 유	아닐 부	끊을 단

넉넉하고 부드러워 끊지 못하다

결정하지 못하고 우물쭈물한다는 뜻이에요.
무엇을 선택해야 좋을지 모르거나, 실수하게 될까 봐 쉽게 결정을 내리지 못할 때가 있어요. 하지만 사람은 항상 최고의 선택만 하는 건 아니에요. 때로는 실수도 하지요.
우유부단한 태도로 결정하는 것을 피하다 보면 오히려 바라는 것은 아무것도 할 수 없을 거예요.

내 동생은 우유부단해서
신발 하나를 고르는 데에도
아주 오래 걸려.

유구무언

有	口	無	言
있을 유	입 구	없을 무	말씀 언

입이 있으나 말이 없다

대답할 말이 없다는 뜻이에요. 잘못이 분명해서 변명할 여지가 없는 상황을 표현할 때 써요.
게임을 하느라 숙제를 못 했는데 선생님이 왜 숙제를 안 했냐고 묻는다면 뭐라고 대답해야 할까요? 정말 변명할 말이 없을 거예요. **유구무언**이겠지요.

다이어트한다고 큰소리쳤는데 과자 먹는 걸 딱 걸렸으니 유구무언이지.

유비무환

有	備	無	患
있을 유	갖출 비	없을 무	근심 환

준비가 되어 있으면 근심이 없다

미리 갖추고 있다면 어떤 뜻밖의 상황이 닥쳐도 슬기롭게 대처할 수 있다는 뜻이에요.
여러 가지 재난이 닥쳤을 때 올바르게 행동하는 법, 소화기 사용법, 응급 처치법 등은 미리 알고 훈련해 두어야 해요. **유비무환**의 자세로 준비해야 위급한 상황이 와도 당황하지 않고 해결할 수 있답니다.

독감 예방 주사 맞았어?
걸리기 전에 맞아 둬.
유비무환이라잖아.

유언비어

流	言	蜚	語
흐를 유	말씀 언	날 비	말씀 어

떠돌아다니는 말

사실이 아닌데 아무 근거 없이 떠도는 말이라는 뜻이에요. 어떤 사람에 대해 정확하지 않은 소문을 재미 삼아 다른 사람들에게 전할 때가 있어요. 하지만 그런 **유언비어**에 시달리는 사람은 얼마나 억울하고 곤란할까요? 다른 사람에 대한 말은 장난으로도 함부로 해서는 안 된답니다.

학교 화장실에 귀신이 나온다고? 유언비어 좀 퍼뜨리지 마!

유유상종

類	類	相	從
무리 유	무리 유	서로 상	좋을 종

무리끼리 서로 좇다

성격이나 취향, 환경 등 비슷한 점이 있는 사람들끼리 어울린다는 뜻이에요. '끼리끼리 모인다.'라는 말과 같이 주로 부정적인 의미로 쓰여요.
늦은 밤 거리에서 여러 친구들이 모여 시끄럽게 떠든다면 누군가는 이렇게 생각할지도 몰라요. '**유유상종**이로군!'

유유상종이라더니,
저 둘은 하는 행동이 똑같아.

이심전심

以	心	傳	心
써 이	마음 심	전할 전	마음 심

마음과 마음이 전해지다

불교에서 깨달음을 얻은 스승과 제자가 마음으로 교리를 주고받던 것을 의미해요. 오늘날에는 말하지 않아도 서로 마음이 잘 통한다는 뜻으로 쓰지요.
친구와 미리 말한 것도 아닌데 먹고 싶은 게 같거나, 똑같은 노래를 흥얼거릴 때가 있어요.
서로 마음이 통한 거겠죠? 이럴 때 **이심전심**이라고 한답니다.

산책하려고 나왔는데
이렇게 딱 만나다니!
역시 우리는 이심전심이야.

갖고 싶은 운동화가 있거든요. 그래서 차비를 아껴서 살 생각이에요. 오늘부터 자전거를 타고 학교에 가요.

↙ 3개월 후 ↘

새 운동화가 생겼어요!

이히히

좋은 친구도 생겼어요!

일거양득

一	擧	兩	得
한 일	들 거	두 양	얻을 득

하나를 들어 둘을 얻다

하나의 행동으로 두 가지 이득을 얻는다는 뜻이에요.
줄넘기를 잘하고 싶어서 아침마다 연습했다고 생각해 보세요.
열심히 해서 체육 시간에 선생님께 칭찬도 받고, 덕분에 키도 쑥쑥 크게 된 거예요.
줄넘기 하나로 **일거양득**의 효과를 봤다고 할 수 있겠죠?

매일 일기를 썼더니
글씨도 예뻐지고 글솜씨도 늘었어.
일거양득이야.

일사천리

一	瀉	千	里
한 일	쏟을 사	일천 천	마을 리

한 번 쏟아진 물이 천 리를 가다

일이 물 흐르듯 거침없이 빠르게 진행된다는 뜻이에요. 1천 리는 서울에서 부산까지의 거리와 비슷해요. 이렇게 먼 거리를 한 번에 가는 것처럼 빠르고 시원시원한 상황을 말해요. 소설가가 글감이 떠오르지 않아 며칠 동안 고민만 하다가 좋은 글감이 번뜩 떠올랐다고 해 봐요. 이제 **일사천리**로 글을 써 내려가겠지요?

귀한 손님이 오신대서
일사천리로 청소를 마쳤지.

한때는 나도
바다를 누비던 시절이
있었지.

참...

일장춘몽 같구나.

일장춘몽

一	場	春	夢
한 일	마당 장	봄 춘	꿈 몽

봄에 꾼 한바탕의 꿈

사라지는 꿈처럼 덧없고 허무한 일을 비유한 말이에요. 중국 송나라 최고의 시인이었던 소동파가 나중에 시골에서 쓸쓸한 유배 생활을 하게 돼요. 어느 날 길을 가는데, 한 노인이 그를 보며 "부귀영화도 그저 한바탕 꿈에 지나지 않는구나."라며 탄식했다는 이야기에서 유래했답니다.
개학하고 보니 쏜살같이 지나간 방학이 **일장춘몽** 같다고나 할까요?

외출을 못 하고 집에만 있다 보니 지난 여행이 꼭 일장춘몽 같아.

임기응변

臨	機	應	變
임할 임	틀 기	응할 응	변할 변

때에 따라 다르게 대응하다

뜻밖의 상황이 닥쳤을 때 그 상황에 맞추어 바로바로 대처한다는 뜻이에요.
학교에서 반 친구들끼리 다툼이 심해질 때 "선생님 오신다!"라고 외치면 친구들은 일단 싸움을 멈추고 주변을 살필 거예요. 그럼 그사이에 둘을 말리거나 떼어 놓는 거예요.
어때요, 괜찮은 **임기응변**이지요?

캠핑을 갔는데 냄비가 없어서 임기응변으로 주전자를 썼어.

이럴 땐 이런 고사성어 — 다짐

"새 학기가 시작됐어. 어떤 다짐을 해 볼까?"

거침없이 도전해 보자

"**파죽지세**의 자세로 모든 시합에서 우승해 보겠어!"

파 죽 지 세
破 竹 之 勢
깨뜨릴 파　대 죽　갈 지　형세 세

대나무를 쪼갤 때의 맹렬한 기세

안 되면 다시 하면 돼

"어려운 문제를 풀 때는 **칠전팔기**의 정신이 필요해."

칠 전 팔 기
七 顚 八 起
일곱 칠　엎드러질 전　여덟 팔　일어날 기

일곱 번 넘어지고 여덟 번 일어나다

포기하지 않기

"큰 목표를 이루기는 어렵다고 하지만 **우공이산**이랬어!"

우 공 이 산
愚 公 移 山
어리석을 우 공평할 공 옮길 이 메 산

우공이라는 노인이 산을 옮긴다는 뜻, 뭐든 끊임없이 노력하면 이루어진다

연습의 힘

"책을 여러 번 읽었더니 독서 퀴즈를 **백발백중**했어."

백 발 백 중
百 發 百 中
일백 백 필 발 일백 백 가운데 중

백 번 쏘아 백 번 맞히다

실력을 쑥쑥 키우자

"춤을 꾸준히 연습했으니 **괄목상대**한 모습을 보여 줄게."

괄 목 상 대
刮 目 相 對
긁을 괄 눈 목 서로 상 대할 대

눈을 비비고 다시 볼 정도로 놀랍도록 훌륭하게 발전하다

매일매일 대화하면서 고사성어를 사용해 봐요.

ㅈㅊㅌㅍㅎ

자업자득	점입가경	지지부진	토사구팽	형설지공
자포자기	조삼모사	천고마비	표리부동	혼비백산
작심삼일	좌정관천	청출어람	풍비박산	화룡점정
적반하장	주객전도	촌철살인	풍전등화	횡설수설
전화위복	죽마고우	타산지석	학수고대	

이럴 땐 이런 고사성어 - 반성
각주구검 마이동풍 인과응보 일거양실 천차만별

자업자득

自	業	自	得
스스로 자	업 업	스스로 자	얻을 득

자신의 업을 자신이 얻다

자신이 한 일에 대한 대가를 자신이 받는다는 뜻이에요. 주로 안 좋은 일을 했을 때 그만한 대가를 받는다는 의미로 쓰여요. 동생을 골탕 먹이려고 했다가 엄마에게 딱 걸려서 오히려 내가 혼나게 된다면 동생은 이렇게 말할 거예요.
"쌤통이다. **자업자득**이지!"

으이구, 밤늦게까지 놀더니…
피곤하지?
자업자득이야.

자포자기

自	暴	自	棄
스스로 자	사나울 포	스스로 자	버릴 기

자기 자신을 해치고 버리다

자기 자신을 포기해서 아무렇게나 행동한다는 말이에요. 중국의 학자 맹자는 자신을 해치는 자와는 함께 말할 수 없고, 자신을 버리는 자와는 함께 행동할 수 없다고 했어요. 어렵고 힘든 상황이 와도 스스로를 아끼고 사랑하는 마음으로 헤쳐 나갈 수 있어야 해요. **자포자기**하면 아무도 나를 도울 수 없답니다.

아무리 기다려도 전화가 안 와서 자포자기하고 있었지.

작심삼일

作	心	三	日
지을 작	마음 심	석 삼	날 일

마음을 먹은 게 삼 일을 못 가다

계획이나 다짐이 얼마 못 가 금세 흐트러진다는 뜻이에요. 아침에 스스로 일찍 일어나기로 굳게 다짐했는데, 하루 이틀 지나니 귀찮아져서 그냥 늦게까지 자 버린 거예요. 이럴 때 부모님은 나를 깨우면서 이렇게 말할 수 있어요. "혼자 일찍 일어나겠다더니 **작심삼일**이네!"라고요.

새벽 운동을 시작했는데 작심삼일로 끝나 버렸어.

적반하장

賊	反	荷	杖
도둑 적	돌이킬 반	꾸짖을 하	지팡이 장

도둑이 도리어 몽둥이를 들고 꾸짖다

잘못을 한 사람이 아무 잘못을 하지 않은 사람에게 화를 내거나 나무란다는 말이에요. 우리나라 속담 '방귀 뀐 놈이 성낸다.'와 같은 뜻이지요.

친구가 내 연필을 빌려 쓰다가 심을 부러뜨린 거예요. 그런데 갑자기 "네 연필은 왜 이렇게 심이 약하니?" 하며 화를 낸다면 어떨까요? **적반하장**이 따로 없겠지요.

교통 법규를 어긴 건 그 운전자인데, 적반하장으로 우리에게 화를 내지 뭐야.

전화위복

轉	禍	爲	福
구를 전	재앙 화	할 위	복 복

재앙이 바뀌어 복이 되다

나쁜 일이라고 생각했지만 그 일이 오히려 좋은 결과를 가져왔다는 뜻이에요.
어려운 환경에서 자란 사람이 커서 비슷한 처지의 어린이를 돕기도 하고, 죽을 고비를 넘긴 사람이 생명의 소중함을 깨닫고 더욱 열심히 살아가기도 해요.
지금은 불행한 일 같아도 먼 훗날 그 일이 **전화위복**이 될지 누가 알겠어요?

부상 때문에 운동을 그만둔 게 전화위복이 되어서 지금은 작가로 성공했어요.

점입가경

漸	入	佳	境
점점 점	들 입	아름다울 가	지경 경

들어갈수록 점점 더 아름다운 지경이다

일이 점점 더 좋아지고 재미있어진다는 뜻이에요. 옛날 중국의 화가 고개지의 이야기에서 유래했어요.

고개지는 사탕수수를 먹을 때 단맛이 덜 나는 가느다란 줄기부터 먹었대요. 그래야 먹으면 먹을수록 점점 더 진한 단맛을 느낄 수 있으니까요.

이처럼 경치가 갈수록 아름다워지거나 어떤 이야기나 상황이 갈수록 재미있어질 때를 **점입가경**이라고 해요.

한라산은 높이 올라갈수록 경치가 점입가경이네요!

조삼모사

朝	三	暮	四
아침 조	석 삼	저물 모	넉 사

아침에 세 개, 저녁에 네 개

꾀를 부려 남을 속이는 경우나 눈앞의 이익만 알고 전체를 보지 못할 때 쓰는 표현이에요.

원숭이들에게 먹이를 아침에 3개, 저녁에 4개를 주겠다고 하니 크게 화를 냈는데 아침과 저녁 개수만 바꾸었더니 모두 좋아했다는 중국의 옛이야기에서 유래했어요.

일주일에 오천 원 받던 용돈을 한 달에 이만 원으로 받게 되었나요? 좋아하기 전에 **조삼모사**가 아닐지 생각해 봐요.

사탕 하나에 오백 원인데
네 개 사면 이천 원에 준다고?
뭐야 이거, 조삼모사잖아!

좌정관천

坐	井	觀	天
앉을 좌	우물 정	볼 관	하늘 천

우물 속에 앉아 하늘을 보다

경험이나 지식이 적어서 세상일을 잘 모르고 시야가 좁은 것을 뜻해요. '우물 안 개구리'라는 우리나라 속담과 비슷하지요. 우물 속에서 하늘을 바라보면 조그만 우물 구멍만큼의 하늘밖에 볼 수 없지만 실제로 하늘은 끝없이 넓어요.
열린 마음으로 세상을 배울 줄 알아야 **좌정관천** 하지 않을 수 있답니다.

세계 곳곳을 여행하다 보니 내가 얼마나 좌정관천으로 지냈는지 알게 됐어.

주객전도

主	客	顚	倒
주인 주	손님 객	엎드러질 전	넘어질 도

주인과 손님이 뒤바뀌다

주인이 손님처럼 손님이 주인처럼 행동한다는 뜻이에요. 입장이나 순서, 중요성이 뒤바뀌는 상황을 말해요.
친구가 우리 집에 놀러 왔는데 마음대로 음식을 꺼내 먹고, 내 물건을 허락 없이 사용한다면 어떨까요? 마치 집주인처럼 말이에요. 말 그대로 **주객전도**겠지요.

주객전도라더니
사은품이 탐나서 이 물건을
사 버렸어.

죽마고우

竹	馬	故	友
대 죽	말 마	옛 고	벗 우

대나무 말을 타고 놀던 옛 친구

어릴 때부터 같이 놀며 자란 친구를 뜻해요.
옛날 중국의 장군이었던 환온과 은호의 이야기에서 유래했어요. 둘은 어릴 적 대나무로 만든 말을 타며 놀던 친구 사이였지만, 커서 나랏일을 하면서 사이가 틀어졌지요.
환온과 은호는 결국 화해하지 못했지만, 여러분은 **죽마고우**를 잘 지켜 보세요. 인생의 큰 보물이 될 거예요.

지우와 나는
어릴 적부터 늘 함께했어.
죽마고우라고 할 수 있지.

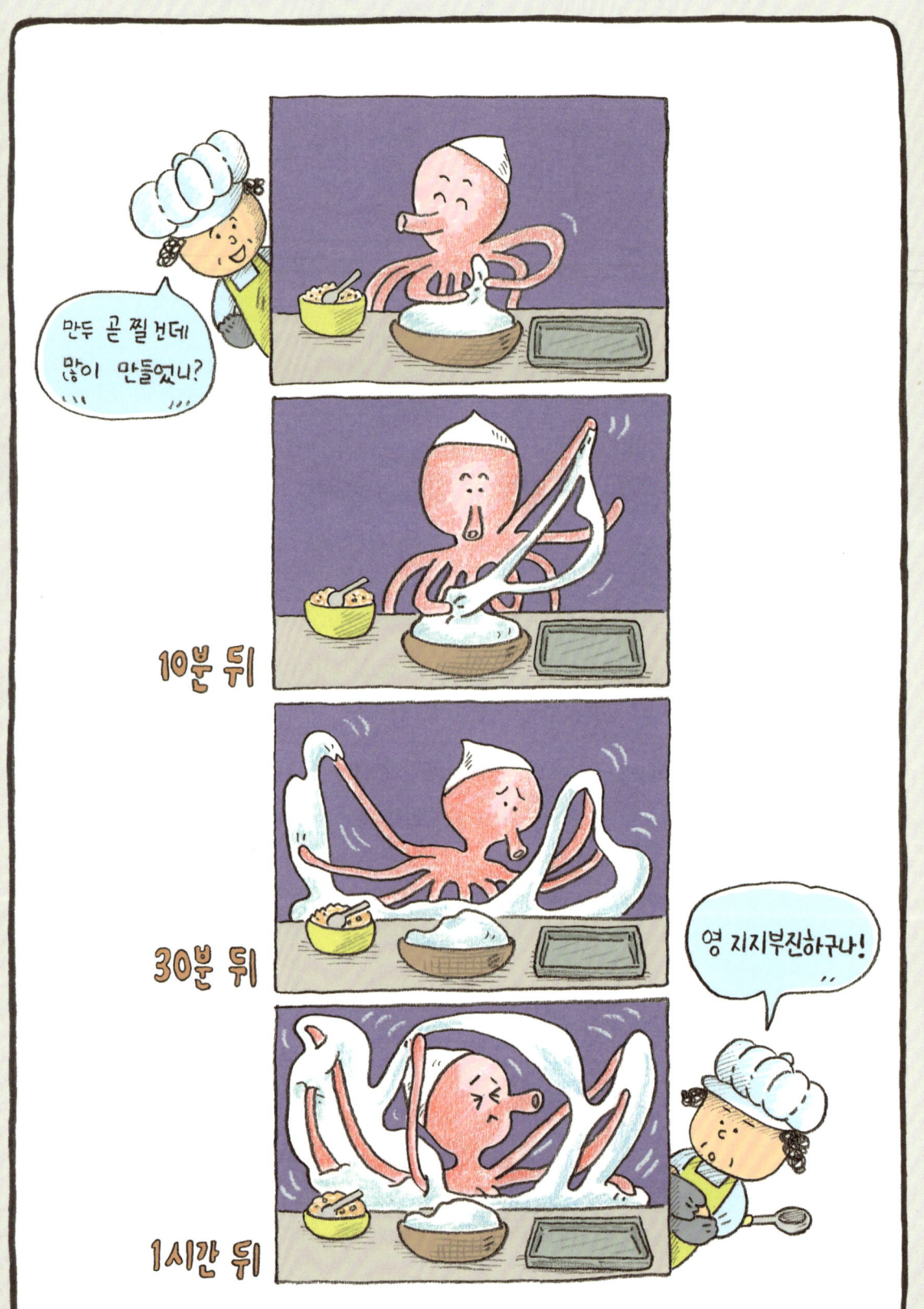

지지부진

遲	遲	不	進
더딜 지	더딜 지	아닐 부	나아갈 진

매우 더디어서 나아가지 못하다

일이 잘 진행되지 않는 상황을 말해요.
수영을 배울 때 아무리 발장구를 쳐도 몸이 앞으로 나아가지 않을 때가 있어요. 마음은 돌고래처럼 쭉쭉 헤엄쳐 나아가고 싶은데 몸은 계속 같은 자리를 맴돌지요.
이처럼 어떤 일이 잘 나아가지 못하고 더딜 때 **지지부진**하다고 표현해요.

목도리를 만들고 싶어서
뜨개질을 배우는데
영 지지부진하네.

천고마비

天	高	馬	肥
하늘 천	높을 고	말 마	살찔 비

하늘이 높고 말은 살찐다

풍요로운 계절인 가을을 표현하는 말이에요.
가을이 되면 푸른 하늘이 더 맑고 높아 보이고, 곡식과 과일 등 먹을거리가 풍성해져요. 말은 겨울을 대비해 살이 찌지요.
이렇게 화창하고 맑은 가을 날씨를 표현할 때 **천고마비**의 계절이라고 한답니다.

이렇게 좋은 천고마비의 계절에
집에만 있어야 하다니!

청출어람

靑	出	於	藍
푸를 청	날 출	어조사 어	쪽 람

쪽에서 나온 푸른색이 쪽빛보다 더 푸르다

쪽은 옛날에 색을 낼 때 쓰던 풀로, 쪽 자체보다 쪽에서 뽑아낸 물감이 더 푸르다는 말이에요. 제자의 실력이 가르친 스승보다 더 뛰어날 때 쓰는 표현이지요.
아이돌 가수가 새롭게 만들어서 원래 곡보다 더 유명해진 리메이크 곡을 두고도 **청출어람**이라고 표현할 수 있어요.

물리학자 마리 퀴리는
스승의 연구를 넘어선
청출어람의 제자였어.

촌철살인

寸	鐵	殺	人
마디 촌	쇠 철	죽일 살	사람 인

한 치의 철로 사람을 죽이다

한 치는 3센티미터 정도의 짧은 길이에요. 철은 사람의 혀를 비유한 말이지요. 아주 짧거나 간단한 말로도 상대방의 약점을 찌르거나 상대방의 마음을 감동시킬 수 있다는 뜻이랍니다. **촌철살인**의 말을 할 수 있으려면 상대방과 상황에 대한 핵심을 꿰뚫어 볼 줄 알아야 해요.

내가 고민하고 있을 때면
언니는 촌철살인 조언을 해 줘.

타 산 지 석

他	山	之	石
다를 타	메 산	갈 지	돌 석

다른 산의 돌

다른 산의 거친 돌이라도, 그 돌을 가져와서 자신의 옥돌을 가는 데 쓸 수 있어요. 다른 사람의 나쁜 행동이나 실패한 경험도 나를 갈고닦는 가르침으로 삼을 수 있다는 뜻이지요.
주변 사람들에게 함부로 하는 친구를 보며 '나는 저러지 말아야지.'라고 생각한 적이 있나요? 그 모습을 보고 배운 것이 있다면 **타산지석**이 된 것이랍니다.

방을 안 치워서 혼난 누나를 타산지석 삼아서 깨끗이 청소해 봤어요.

토사구팽

兔	死	狗	烹
토끼 토	죽을 사	개 구	삶을 팽

토끼를 죽이고 개를 삶다

사냥개가 토끼를 잡고 나면 할 일을 다 한 사냥개를 잡아먹는다는 말이에요. 도움이 필요할 땐 곁에 두고 함께하다가 필요가 없어지면 매정하게 버린다는 뜻이지요.
사람이든 물건이든 쓸모가 없어졌다고 함부로 대하는 **토사구팽**의 자세로 살아간다면 그 대가가 언젠가 나에게 되돌아올지도 몰라요.

일회용 플라스틱 용기는 음식을 다 먹고 나면 바로 토사구팽 신세야. 쓰레기가 되잖아.

표리부동

表	裏	不	同
겉 표	속 리	아닐 부	같을 동

겉과 속이 같지 않다

겉으로 대하는 모습과 속마음이 다른 사람을 두고 하는 말이에요. 주로 나쁜 뜻으로 쓰여요.

역사 드라마를 보면 임금 앞에서는 충성을 다하는 척하지만 뒤에서는 나쁜 마음을 먹는 신하들이 나와요. 그야말로 간신배들이지요.

이렇게 겉과 속이 다른 사람들을 보고 **표리부동**하다고 해요.

앞에서는 친한 척하더니
뒤에서는 내 험담을 해?
표리부동한 녀석!

풍비박산

風	飛	雹	散
바람 풍	날 비	우박 박	흩을 산

바람이 불어 우박이 흩어지다

모든 게 무너져 내린 상황을 말해요. 그야말로 엉망진창이 되었다는 뜻이지요.
전쟁이 나서 온 나라가 엉망이 되었을 때, 큰 태풍으로 동네의 집과 건물이 모두 쓰러지고 돌이킬 수 없는 상황이 되었을 때 **풍비박산** 났다고 표현해요.

뉴스에서 봤는데
전염병이 돌아서
전 세계 경제가 풍비박산될 거래.

풍전등화

風	前	燈	火
바람 풍	앞 전	등 등	불 화

바람 앞의 등불

코앞에 위기가 닥친 아슬아슬한 상황이나 언제 나쁜 일이 생길지 모르는 불안한 상황을 뜻해요.
캄캄한 밤길을 등불 하나만 겨우 밝히며 걷고 있다고 상상해 봐요. 바람에 등불이 꺼질까 봐 마음을 졸이게 되겠지요? 이렇게 언제 꺼질지 모르는 불안한 등불처럼 위태로운 상황을 두고 **풍전등화**라고 표현해요.

거짓말한 게 다 들통났어.
집안 분위기가 완전 풍전등화야.

학수고대

鶴	首	苦	待
학 학	머리 수	쓸 고	기다릴 대

학처럼 목을 길게 빼고 기다리다

원하는 물건이나 사람을 간절히 기다린다는 뜻이에요.
가장 친한 친구가 병원에 입원하는 바람에 며칠 동안 학교에 오지 못한다면 어떨까요? 친구가 얼른 돌아오길 목이 빠지게 기다릴 거예요.
아침마다 교실 문을 바라보며 친구가 들어오기를 **학수고대**하겠지요.

학수고대하던
크리스마스 선물을
드디어 받았어!

형설지공

螢	雪	之	功
반딧불이 형	눈 설	갈 지	공 공

반딧불과 눈으로 성공을 이루어 내다

어려운 상황에도 포기하지 않고 열심히 공부해 성공한다는 뜻이에요.

옛날 중국의 가난한 두 소년 이야기에서 유래했어요. 등잔 기름을 살 수 없었던 차윤은 반딧불을 모아 그 빛으로 책을 읽었고, 손강은 겨울밤에 밖에 나가 눈 빛에 책을 읽었어요.

어떤 환경에서든 핑계 대지 않고 **형설지공**의 자세를 갖는다면 뭐든 이룰 수 있을 거예요.

이 트로피는 형설지공의
노력에 대한 보답이야.

혼비백산

魂	飛	魄	散
넋 혼	날 비	넋 백	흩을 산

넋이 날아가고 흩어지다

정신이 나갈 정도로 매우 놀란 모습을 뜻해요. 주로 무섭거나 끔찍한 것을 보고 깜짝 놀라는 모습을 말할 때 써요.
공포 영화에서 귀신 들린 인형을 보고 엄청 무서워했는데, 내 방에 가 보니 똑같은 인형이 놓여 있다면 어떨까요? 아마 **혼비백산**해서 당장 방을 뛰쳐나올 거예요.

흰옷을 입었을 뿐인데
사람들이 나를 보고
혼비백산하지 뭐야.

화룡점정

畫	龍	點	睛
그림 화	용 룡	점 점	눈동자 정

용 그림에 점을 찍어 눈동자를 그리다

어떤 일의 가장 중요한 부분을 완성해서 뛰어난 결과를 만든다는 뜻이에요.
옛날 중국의 화가가 용을 그리고 마지막에 눈동자를 그려 넣었더니, 그 용이 하늘로 올라갔다는 이야기에서 유래했어요.
손님을 초대할 때, 맛있는 음식을 가득 차린 다음 마지막으로 예쁜 꽃을 올려 장식해 봐요! **화룡점정**이 될 거예요.

라면 위에 화룡점정으로 치즈를 올렸어.

횡설수설

橫	說	竪	說
가로 횡	말씀 설	세울 수	말씀 설

가로로 말하다가 세로로 말하다

이랬다저랬다 하며 도무지 알 수 없게 말한다는 뜻이에요. 친구 몰래 깜짝 생일 파티를 준비하고 있었는데, 생일 주인공이 갑자기 나타나서 뭐하냐고 물으면 어떻게 대답할까요? 당황한 나머지 **횡설수설**할 거예요.

첫 인터뷰였는데 너무 긴장해서 횡설수설해 버렸어.

"우리는 모두 실수를 해. 그때 어떤 마음가짐을 가질까?"

방법은 여러 가지야

"**각주구검** 하게 고집부리지 말고 다르게 해 봐!"

각 주 구 검
刻 舟 求 劍
새길각 배주 구할구 칼검

옛날 것만 고집하며
융통성 없이 어리석다

중요한 걸 잃지 마

"돋보이고 싶어서 남을 욕하면
인기와 친구, **일거양실**할걸."

일 거 양 실
一 擧 兩 失
하나일 들거 두양 잃을실

한 가지 일을 해서 다른 두 가지 일을 잃다

뿌린 대로 거둘 거야

"**인과응보**야, 어떤 일을 했으면 그 책임을 져."

인 과 응 보
因 果 應 報
인할 인　열매 과　응할 응　갚을 보

원인과 결과는 서로 물고 물린다

너도 나도 틀리지 않아

"다른 의견도 존중해. 우리는 얼굴도 생각도 **천차만별**이니까."

천 차 만 별
千 差 萬 別
일천 천　다를 차　일만 만　다를 별

여러 가지 사물은 모두 차이가 있고 구별이 있다

조언에 귀 기울여 봐

"**마이동풍**으로 흘려들으면 아무것도 배울 수 없어."

매일매일 대화하면서 고사성어를 사용해 봐요.

마 이 동 풍
馬 耳 東 風
말 마　귀 이　동녘 동　바람 풍

말을 주의 깊게 듣지 않고 흘려듣다

177

○○○○의 자세로 공부한 여러분, 대단해요!
이제 고사성어에는 ◇◇◇◇인 친구들이 되기를 바라요.

 정답은 다음 장에

• 마지막 고사성어 정답: 형설지공(위), 백전백승(아래)

읽자마자 왕 시리즈 4
읽자마자 고사성어왕

초판 1쇄 발행 2021년 4월 5일
개정판 1쇄 발행 2025년 3월 28일
개정판 2쇄 발행 2025년 9월 26일

글쓴이 최미라
그린이 김무연
발행인 이종원
발행처 (주)길벗스쿨
출판사 등록일 2025년 5월 28일
주소 서울시 마포구 월드컵로 10길 56(서교동)
대표전화 (02)332-0931 | **팩스** (02)323-0586
홈페이지 school.gilbut.co.kr | **이메일** gilbut@gilbut.co.kr

기획 박수선 | **책임편집** 권희정 | **편집진행** 최문영
제작 이준호, 손일순, 이진혁 | **마케팅** 양정길, 송예슬, 김령희 | **영업유통** 진창섭
영업관리 정경화 | **독자지원** 윤정아
디자인 위드 | **CTP 출력 및 인쇄** 대원문화사 | **제본** 경문제책

ⓒ 김무연 2021

* 잘못 만든 책은 구입한 서점에서 바꿔 드립니다.
* 이 책은 저작권법에 따라 보호받는 저작물이므로 무단전재와 무단복제를 금합니다.
이 책의 전부 또는 일부를 이용하려면 반드시 사전에 저작권자와 (주)길벗스쿨의 서면 동의를 받아야 합니다.

ISBN 979-11-6406-894-4 (73710)
(길벗스쿨 도서번호 200462)

제 품 명: 읽자마자 고사성어 왕	주 소: 서울시 마포구 월드컵로 10길 56 (서교동)
제조사명: (주)길벗스쿨	전화번호: 02-332-0931
제조국명: 대한민국	제조년월: 판권에 별도 표기
사용연령: 5세 이상	KC마크는 이 제품이 공통안전기준에 적합하였음을 의미합니다.

독자의 1초를 아껴주는 정성 길벗출판사
길벗 IT실용서, IT/일반 수험서, IT전문서, 경제실용서, 취미실용서, 건강실용서, 자녀교육서
더퀘스트 인문교양서, 비즈니스서
길벗이지톡 어학단행본, 어학수험서
길벗스쿨 국어학습서, 수학학습서, 유아학습서, 어학학습서, 어린이교양서, 교과서